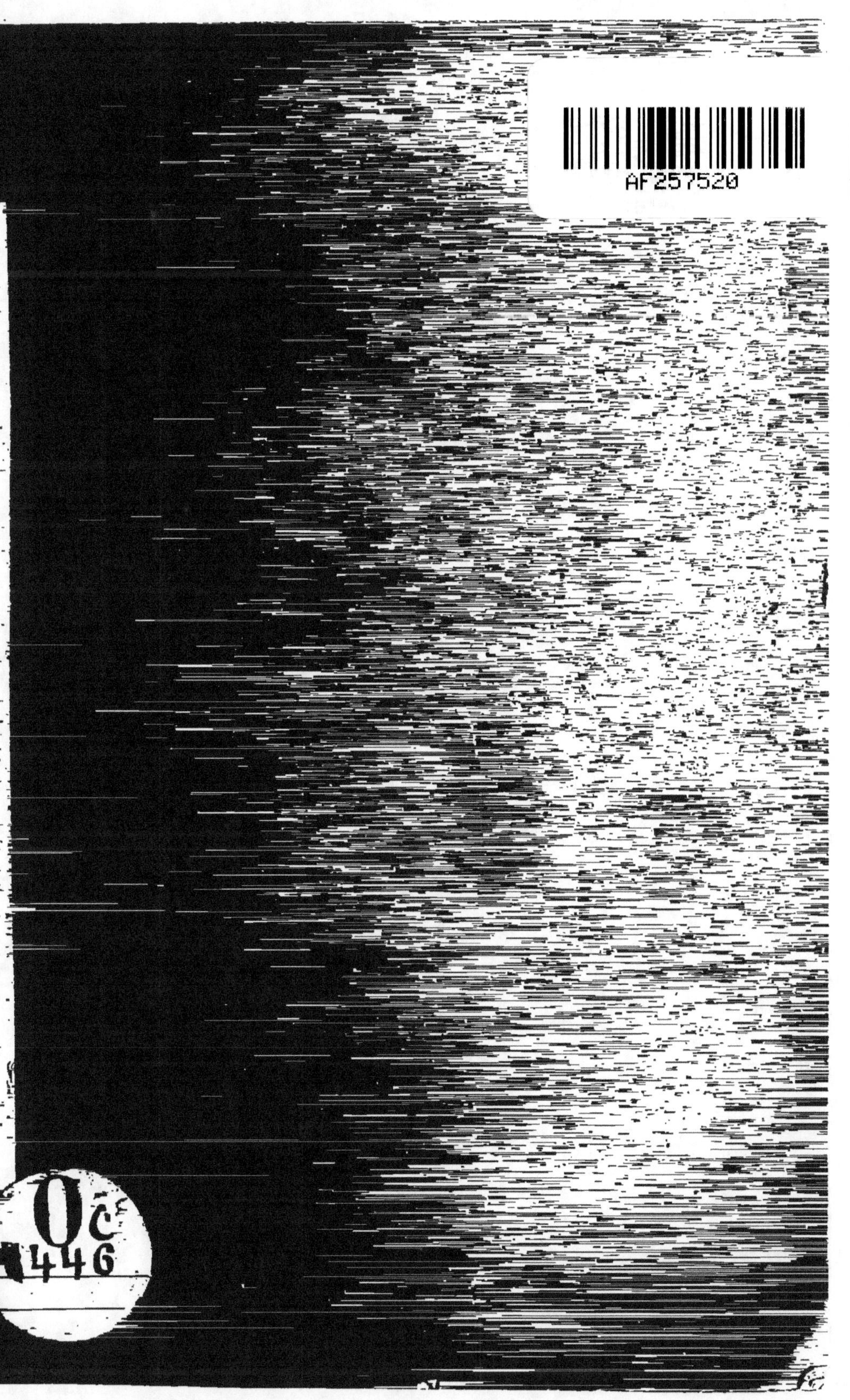
AF257520

L'ESP[...]

[...] POLITIQU[E]

LE MARQUIS [...] VAN DER DUSSEN D'HÉRENT[...]

[...]

PARIS
VICTOR PALMÉ, ÉDITEUR
RUE DE GRENELLE-SAINT-GER[MAIN]

1873

L'ESPAGNE SAUVÉE !

C
46

L'ESPAGNE SAUVÉE !

BROCHURE POLITIQUE

PAR

Le Baron GODEFROY VAN DER DUSSEN D'HERPENT

OFFICIER D'ÉTAT-MAJOR DES ARMÉES ROYALES

RÉDACTEUR DE *l'Univers*

PARIS

VICTOR PALMÉ, ÉDITEUR

25, RUE DE GRENELLE-SAINT-GERMAIN, 25

1873

L'ESPAGNE SAUVÉE!

Une révolution est toujours une calamité pour un pays, elle n'entraîne à sa suite que des ruines et des désastres; elle sape les anciennes institutions, qui en sont les bases et les fondements, pour ne remplacer ce qu'elle détruit que par des lois ridicules ou de pompeuses utopies.

Le peuple, pauvre troupeau de moutons de Panurge, se fait, dans chaque révolution, le comparse des flibustiers politiques, des hâbleurs sans conscience, des impuissants sans honneur, des ambitieux sans talents, des misérables de toute sorte, en un mot, qui fomentent les révolutions, et sont constamment prêts à ensanglanter une nation entière et à la sacrifier, sans scrupules et sans remords, dans le but unique de satisfaire leurs vils intérêts ou leurs passions aussi mesquines que désordonnées.

Il est pénible d'avoir à constater que la foule ignorante et crédule se laissera prendre sans cesse aux discours charlatanesques et aux écrits envenimés de ces ennemis de toute société fonctionnant régulièrement jusqu'au jour, peut-être proche, où l'on parviendra à lui faire tomber des yeux l'épais bandeau lui voilant la vérité, ses devoirs et ses véritables intérêts.

Quand parviendra-t-on enfin à faire reconnaître à l'artisan que sa place est à l'atelier et non au cabaret où il va déraisonner sur la politique de son pays, abrutir son intelligence et *boire* le pain de sa famille en compagnie de fainéants qui se disent ses frères ?

Quand l'ouvrier comprendra-t-il qu'il n'est que l'instrument docile et stupide d'agitateurs sans vergogne, rebuts de toutes les nations et de toutes les carrières ?

Le vrai bonheur pour le peuple, le seul auquel il puisse et doive prétendre, réside dans l'amour de sa famille, le bien-être qu'il peut acquérir en travaillant, le respect des lois établies, le sentiment de ses devoirs accomplis, l'observation de sa religion et la certitude d'être un homme honnête et utile, dans sa sphère, à sa patrie.

Depuis le temps que les peuples font l'essai, un peu partout, des révolutions et des républiques de toutes nuances, leurs corollaires indispensables, qu'ont-ils réellement gagné ? — Des mots plus ou moins sonores mais vides de sens, et rien de plus.

Le peuple est et sera, tant qu'il y en aura, la dupe des révolutions ou insurrections, ce qui est au fond absolument semblable ; c'est lui qui souffrira toutes les misères, qui sera chargé de la besogne périlleuse et qui, en récompense de son obéissance servile et passive, sera méprisé de ses chefs lorsqu'ils triomphent, et lâchement abandonné par eux quand leur criminelle tentative vient, heureusement, à échouer.

L'Espagne, cette nation si belle et si puissante autrefois, est un exemple, aussi lamentable que frappant du résultat des révolutions et des usurpations.

Elle vit, depuis si longtemps, dans un tel tourbillon que si elle ne parvient pas enfin, et sans tarder, à opposer une digue formidable au flot révolutionnaire s'avançant sur elle, chaque jour un peu plus, elle se trouvera fatalement entraînée dans un abîme tellement profond que nulle main, si vigoureuse qu'elle soit, ne se trouvera plus assez forte pour l'en retirer et qu'elle ne serait plus qu'un immense amas de ruines sanglantes, œuvres de la démagogie et disant avec une éloquence sinistre : *Ci-gît la patrie de Charles-Quint et du Cid; ci-gît l'Espagne écrasée par ses propres enfants!*

L'état de troubles sans cesse renaissants de ce malheureux pays est d'autant plus déplorable et d'autant plus étrange que la révolution est de fait absolument impopulaire au-delà des Pyrénées, car elle s'attaque naturellement à la religion, à la monarchie et aux traditions, sentiments que les plus gigantesques agitations n'ont pu déraciner du cœur de la majorité des Espagnols.

Ces sentiments, et surtout le sentiment religieux qui domine, et sans lequel une nation est forcément destinée à périr, peuvent seuls contribuer à la sortir du gouffre où elle s'est follement précipitée par sa faute, à lui faire concevoir de quelles pitoyables erreurs et de quelles fictions elle a été nourrie, et à lui démontrer qu'il ne lui est possible de reprendre son rang parmi les nations dignes d'être comptées qu'en mettant et en maintenant sur le trône son souverain légitime, Charles VII, c'est-à-dire le *seul* réunissant de son côté *le droit, la loi, la religion et le sincère amour de l'Espagne et des Espagnols.*

Tout changement de ministère est, en Espa-

gne, un véritable changement de gouvernement.
— Chaque parti arrivant alternativement au pouvoir, s'empresse de détruire ce qu'avaient établi ses prédécesseurs, de modifier les constitutions, de changer les systèmes en vigueur, de soumettre la nation à des expériences nouvelles et de s'arranger un état entièrement dans ses idées où il soit l'unique maître et l'unique dominateur.

Ces réformes l'amènent ordinairement jusqu'au moment de sa chûte; et son successeur ne manque pas, bien entendu, tout en ayant sous les yeux les résultats d'une telle politique, de suivre exactement les mêmes errements et de ne pas tarder à subir le même sort.

Cela ne corrige personne, loin de là, chaque parti est toujours disposé à recommencer la représentation de cette perpétuelle comédie gouvernementale, comédie constamment et chèrement payée par le même spectateur: le pays !

On comprend aisément qu'après plusieurs changements « *ejusdem farinæ*, » il soit presque impossible qu'un gouvernement régulier et définitif parvienne à s'établir ; il résulte, de plus, de cet état de choses une désorganisation complète et permanente de tous les services publics, une anarchie passée à l'état chronique, un désordre constant, une faiblesse extrême du gouvernement, faisant de perpétuelles concessions dans la

1.

crainte d'être renversé, et cela donne de la marge au sentiment de l'individualisme, excessivement développé chez les Castillans ; chacun en vient à écouter son amour-propre ou son exaltation, au lieu de prêter l'oreille à la voix impartiale de la raison et de la justice.

C'est ainsi que, depuis près de quarante ans, l'Espagne cherche sa voie sans pouvoir la découvrir, elle le croit du moins, car il lui suffirait de regarder en arrière au lieu de s'acheminer aveuglément vers ce qu'on lui dit être le progrès et qui n'est, en réalité, que sa perte et sa ruine totale.

Qu'elle fasse la différence entre son passé éclatant et son présent stérile et sombre, et que cette seule comparaison lui dicte son devoir dans l'intérêt de l'avenir.

Avant de parler de la situation présente de l'Espagne, il est indispensable de faire un court retour sur les tristes événements qui se sont accomplis depuis la fin du règne et la mort de Ferdinand VII, époque d'où datent les plus grands malheurs de cette nation malheureuse, mais coupable ; sévère châtiment qui lui est infligé par Dieu en punition de la spoliation honteuse et de l'usurpation de trône dont elle s'est rendue complice.

Ferdinand fut, pendant tout son règne, et surtout dans les dernières années de sa vie un souverain d'une faiblesse poussée à l'extrême et bien prouvée par ses actes ; mais surtout à l'égard de sa famille, il montra une indécision et un manque de volonté véritablement désastreux.

A l'époque de la grossesse de sa femme, la reine Marie Christine de Naples, tiraillé de tous côtés par le parti opposé à son frère don Carlos, parti voulant à n'importe quel prix s'emparer du pouvoir en en privant le véritable héritier, il rendit à la date du 20 mars 1830, un décret abolissant la loi salique, instituée par Philippe V en 1713, et rétablissant de cette manière pour les femmes le droit d'hérédité à la couronne d'Espagne.

Ce fut effectivement une fille qui naquit à la reine et vint rendre la supercherie de son parti de la plus haute utilité.

Deux ans après, lorsqu'une attaque de goutte faillit enlever le roi à la terre, il rétablit la loi salique, mais bientôt, cédant à de fatales obsessions, malgré ses remords et le cri de sa conscience indignée, il signa la révocation définitive de cette loi, le *palladium* depuis plus d'un siècle et demi de la tranquillité publique en Espagne.

Les partisans de l'infant don Carlos, prévoyant l'odieux coup d'Etat qui se préparait de longue main, voulaient le proclamer régent du vivant de son frère lequel n'était plus, plusieurs mois avant d'expirer, qu'une machine animée, incapable de gouverner quoi que ce soit. L'infant, en donnant les ordres les plus formels, eut encore énormément de peine d'empêcher ce mouvement qui aurait peut-être évité bien des catastrophes.

Fatigué des persécutions dont il était accablé lui et les siens, don Carlos quitta Madrid le 16 mars 1833 et s'exila en Portugal, avec sa famille et sa maison, pour y attendre les événements et agir en conséquence. Partout sur son passage le prince reçut de nombreux témoignages d'estime et d'intérêt.

Immédiatement après son départ, le parti de la reine fit assembler les Cortès pour prêter serment à la fille de la roi, Isabelle, laquelle fut proclamée princesse des Asturies et héritière du trône. Cependant, malgré le cérémonial avec lequel cet acte eut lieu, le peuple resta plus que froid, montrant ainsi qu'il ne souscrivait pas à cette usurpation que l'on essayait vainement de revêtir du sceau de la légalité.

———

Une ambassade fut ensuite dépêchée à l'infant avec la mission de lui demander, de la part de son frère, de reconnaitre publiquement à sa nièce Marie-Isabelle ses nouvelles prétendues qualités de princesse des Asturies et d'héritière.

Pour toute réponse à cette demande, tout au moins impudente, don Carlos chargea l'ambassadeur de remettre au roi la lettre suivante, que nous reproduisons :

« Bien cher frère,

« Ce matin, à dix heures, mon sécretaire
« Plazaola m'informa que votre envoyé Cordoba
« désirait savoir à quelle heure il me convien-
« drait de recevoir la communication d'un ordre
« royal. J'envoyai lui dire que ce serait à midi.
« Il vint quelques minutes auparavant, et je le
« reçus immédiatement. Il me remit le document
« officiel que je lus; et, après en avoir achevé
« la lecture, je lui dis que ma dignité et mon
« caractère me donnaient le droit de répondre

« d'une manière directe à mon roi, à mon maître
« et surtout à mon frère, à un frère bien-aimé,
« que j'avais accompagné dans son adversité.
« Vous désirez connaître si j'entends prêter le
« serment de fidélité à votre fille, comme prin-
« cesse des Asturies. Je n'ai pas besoin de vous
« dire combien je souhaiterais de pouvoir faire
« ce serment. Vous me connaissez, et vous pou-
« vez juger que je parle du fond de mon cœur.
« Rien ne me serait plus agréable que d'être le
« premier à reconnaître votre fille, et à vous
« épargner tous les troubles et tous les embarras
« que mon refus peut vous occasionner, mais
« ma conscience et mon honneur ne me le per-
« mettent pas. Les droits que je possède sont si
« sacrés que je ne peux les abdiquer, droits qui
« dérivent de Dieu, lorsqu'il me créa dans ma
« présente position, et desquels lui seul peut me
« priver, en vous donnant un fils, événement
« que je désire peut-être plus que vous-même.
« D'ailleurs c'est mon devoir de défendre ceux
« des princes qui peuvent venir après moi ; c'est
« pourquoi je me crois obligé à transmettre la
« déclaration que je vous adresse, dans la manière
« la plus solennelle, à vous et à tous les souve-
« rains, auxquels j'espère que vous la commu-
« niquerez. Adieu, mon cher frère ; ne doutez
« jamais que je vous sois entièrement dévoué,

« et que votre bonheur sera toujours le souhait
« le plus vif de votre frère.

« CARLOS »

Cette lettre était accompagnée, en effet, de la
ferme et digne déclaration que nous transcri-
vons également, et qui fut envoyée dans toutes
les cours d'Europe :

DÉCLARATION

« Moi, Carlos-Marie-Isidore de Bourbon, infant
« d'Espagne.

« Entièrement convaincu de mes légitimes
« droits à la couronne d'Espagne, si je survis à
« Votre Majesté, sans qu'elle ait eu de garçon,
« déclare que ma conscience et mon honneur
« m'empêchent de reconnaitre aucun autre droit
« que le mien.

« A notre roi, de son affectionné frère et
« fidèle vassal.

« *Signé:* L'INFANT DON CARLOS DE BOURBON.
« Palais de Ramalhâs, 29 avril 1833 »

Cinq mois, jour pour jour, après cette déclaration le roi mourait (29 septembre 1833) et
Isabelle était proclamée reine d'Espagne avec la
régence de sa mère Marie-Christine.

Beaucoup de seigneurs, d'officiers ainsi qu'une grande partie des populations vinrent de leur seul mouvement se ranger sous la bannière de don Carlos, qui prit le titre de Charles V, et alors commença cette mémorable guerre de Sept-Ans, remplie de gloire et de misères pour ce valeureux prince et ses fidèles compagnons et à laquelle la quadruple alliance et la trahison (1839) purent seuls mettre un terme provisoire, en obligeant Charles V à se réfugier à Bourges ; notre cadre restreint ne nous permet pas de donner de plus longs détails sur cette campagne prodigieuse.

En outre de tout ce que nous avons dit précédemment, au sujet de la transmission de la couronne à Isabelle, on est à peu près certain aujourd'hui que l'acte contenant les dernières volontés de Ferdinand VII fut surpris à une faiblesse voisine de l'imbécillité ; d'aucuns prétendent même que cet acte fut entaché d'un faux matériel, bien que le caractère indécis, égoïste et sans principe sérieux du roi puisse donner quelque créance, si monstrueux que cela soit, à l'idée qu'il ait pu consentir à aliéner sciemment un droit dont il avait la jouissance, mais, en aucun cas, la possession complète ni la disposition.

L'histoire d'Espagne étant généralement assez confuse et souvent ignorée nous allons mettre sous les yeux du lecteur, avant d'aller plus loin, quelques-unes des preuves démontrant, jusqu'à l'évidence, que Ferdinand VII, quoi que veuille bien en dire les isabellistes, n'avait ni le droit, ni le pouvoir de subtiliser la couronne revenant à son frère dans le but de la placer *illégalement* sur la tête de sa fille :

Les partisans d'Isabelle ont fondé ses droits sur les anciennes lois d'Espagne, qui appellent les femmes en ligne directe à succéder au trône, et sur la soi-disant pragmatique sanction de Charles IV qui remettait, disent-ils, ces lois en vigueur. Les partisans de don Carlos prétendent de leur côté, que la loi de Paitidas n'est qu'une *loi supplémentaire*, enfreinte à différentes reprises ; mais surtout, ils s'appuient, avec raison sur la loi de Philippe V dans toutes ses conséquences.

Les défenseurs de la loi de Philippe V, ou *Auto acordato*, ne contestent pas aux femmes le droit de porter la couronne ; elles héritaient du trône, et l'Espagne, d'abord divisée en petits Etats, ne les a vus réunis presque tous que par des mariages, cette réunion même fut précisément complète sur la tête d'un femme, *Jeanne la folle*, qui transmit, sans en jouir, à son fils, le fameux Charles-Quint, la riche et puissante monarchie

2

espagnole. Mais encore aujourd'hui, d'après l'*Auto acordato* les femmes sont aussi appelées à régner, personne ne le niera, seulement on ne leur concède ce droit qu'à l'EXTINCTION COMPLÈTE DES MALES DE TOUTES LES LIGNES. Là est toute la différence, notable il est vrai !

Mais n'est-ce pas divaguer que de s'occuper, comme le font les adversaires de don Carlos, de la succession dans les temps reculés, et d'entasser des faits qui, sans rien établir, ne font qu'éblouir ceux qui ne connaissent pas bien l'histoire d'un pays aussi peu claire que l'est celle de l'Espagne, qui a été divisé en un si grand nombre de petites royautés ?

Après la mort de Charles-Quint, quatre règnes, qui pendant un siècle et demi se succédèrent de mâle en mâle, n'apportèrent aucun changement. L'état de Charles II, comme celui de l'Europe, faillit amener, à deux reprises différentes, le partage de la monarchie espagnole ; et la mort du jeune prince électoral de Bavière, arrivée en 1699, un an avant celle de Charles II, auquel il devait succéder, fit parvenir au trône de 1700 une nouvelle dynastie. Philippe duc d'Anjou, fut désigné dans le testament de Charles II pour être son successeur, petit-fils de Marie-Thérèse, femme de Louis XIV, et fille, comme Charles II, de Philippe IV, son droit passa avant celui de l'archiduc Charles devenu ensuite empereur sous le nom de Charles VI; il tenait ce droit de sa grand-mère Marie-Anne, sœur de Philippe IV. On voit que, après douze ans de guerres continuelles, Philippe V monta enfin sur le trône d'Espagne par la volonté forte et prononcée des Espagnols, qui le soutiennent presque seuls contre son compétiteur; car Louis XIV était lui-même alors occupé d'une guerre ruineuse qu'il faisait en Italie et sur les bords du Rhin; il ne pouvait, par conséquent prêter à son petits-fils qu'un faible appui, qu'il offrit lui-même de retirer, si, à ce prix, il pouvait acheter la paix. Philippe V avait donc pour lui trois titres irrévocables: son droit, l'élection des Espagnols et la force de leurs armes, auxquels il ajoutait encore celui de fondateur d'une nouvelle dynastie, lui donnèrent certes le droit d'apporter des changements dans l'ordre de succession, et encore ne les fit-il pas seul; le pays, par l'intermédiaire des Cortès, y donna son approbation.

On s'est fortement récrié contre cet acte de Philippe V, connu sous le nom d'*Auto acordato* on a voulu le présenter comme nuisible au pays et comme entaché de nullité. Il faut donc examiner la question sous ce double rapport: *utilité et égalité de la loi de 1713*.

Une guerre sanglante touchait à sa fin: elle

avait duré douze ans et n'avait eu d'autre but que celui d'empêcher la réunion de la couronne de France et d'Espagne sur une même tête. L'Angleterre, avant tout arrangement définitif, exigea, comme condition préalable et *sine quâ non*, un acte qui, à l'avenir, rendit impossible cette réunion. Louis XIV pressa alors son petit-fils de renoncer à la couronne d'Espagne, et lui offrit en échange une autre souveraineté en Italie, laquelle souveraineté lui permettait de conserver ses droits au trône de France que la mort d'un enfant, faible alors, pouvait laisser vacant au décès de Louis XIV. Tout fut inutile. Philippe aima mieux renoncer à ses droits comme fils de France que d'abandonner, comme il le disait, *ses chers Espagnols*. Il avait pris l'engagement de ne point le quitter, il y restait fidèle. Dès lors, une renonciation en forme fut exigée. Philippe la donna le 5 novembre 1712, pour lui et ses successeurs, qui *ne pourraient jamais occuper* le trône de France : de leur côté, le duc de Berry, frère cadet de Philippe et le duc d'Orléans, son oncle, renoncèrent à leurs droits à la couronne d'Espagne, et, pour mieux assurer l'exécution de cette condition, la maison de Savoie était appelée au trône d'Espagne, en cas d'extinction de la race de Philippe V. De là résultait un nouvel ordre de choses et un grand changement dans la politique de l'Europe. — Il fallait, pour prévenir de nouvelles guerres, songer à faire disparaitre toutes les chances possibles d'une réunion de l'Espagne avec la France ou avec l'Autriche, ce qui pouvait facilement arriver, soit par le mariage d'une reine d'Espagne avec un prince français ou un archiduc d'Autriche, soit encore par le mariage, en France ou en Autriche, d'une princesse espagnole devenue héritière par la mort d'un ou de plusieurs de ses frères : et l'un des deux cas échéant, l'équilibre de l'Europe eût été de nouveau compromis. Qu'on n'allègue pas la force des renonciations ; celle de l'infante Marie-Thérèse en fait foi : Philippe V dut penser de même, et dès lors il voulut en prévenir les dangers. Il fallait pour cela éloigner autant que possible les femmes du trône ; il le fit, sans pourtant les en exclure entièrement ; mais il diminua les chances de leur avènement, et si une femme était appelée à régner après l'extinction des mâles de toutes les lignes, l'ordre se rétablissait de nouveau à sa mort, entre tous les mâles, ses descendants.

Tel est l'ordre établi par Philippe V. En épargnant par là à l'Espagne une nouvelle guerre, il lui rendait un véritable service, personne ne saurait en contester l'utilité, tandis que celle des anciennes lois avait disparu. Car du moment que, par des mariages, toutes les couronnes s'étaient enfin réunies sur une seule tête, le but politique qui, en appelant les femmes au trône, facilitait les mariages, cessait d'exister, et l'immense avantage de la réunion une fois obtenu, pouvait-il y avoir une loi plus utile, plus nationale pour l'Espagne que celle de Philippe V, qui empêchait que, à l'avenir, la couronne ne passât dans une nouvelle dynastie, et qui, en même temps maintenait l'équilibre de l'Europe.

Quant à sa légalité, en voici les preuves :

Philippe, convaincu de l'utilité de son projet de loi, et fort des raisons qui le rendaient nécessaire, aurait pu très facilement, sans doute, dans la position où il se trouvait, s'écarter des formes voulues, car il était l'idole de ses sujets et venait de reconquérir son royaume après une guerre de douze ans. Son auréole de gloire et l'enthousiasme d'un triomphe récent lui auraient donné cette toute-puissance qui, par sa seule volonté, franchit tous les obstacles et ne souffre point de contrôle. Mais il ne le voulut pas, aimant mieux s'adresser au pays. La loi était *utile*, il voulut qu'elle fût aussi *légale*. Les Cortès avaient été convoquées pour connaître et sanctionner l'acte de renonciation du roi à la couronne de France, ainsi que les dispositions établies au profit de la maison de Savoie.—Elles avaient tout approuvé, témoignant au roi, avec le plus grand enthousiasme, toute leur reconnaissance pour la préférence qu'il avait accordée à la couronne d'Espagne sur celle de France , voyant pour l'avenir un gage de paix dans l'exclusion de la maison d'Autriche et dans l'appel que l'on avait fait de celle de Savoie. — Philippe en assurant plus fortement encore les moyens de maintenir cette paix, ne faisait donc que répondre aux désirs des Cortès. — Mais, comme celles-ci n'avaient reçu d'autre mandat que celui d'intervenir dans les actes en question, il s'adressa au pays, en l'engageant à transmettre à ses députés de nouveaux pouvoirs pour s'occuper de la question d'un changement dans l'ordre de la succession déjà établi. — Tout cela se fit d'une manière publique. Le pays s'empressa de répondre à l'appel de son souverain; les députés reçurent de nouveaux pouvoirs *ad hoc*, et le projet ayant été soumis à leur délibération, ils se prononcèrent pour l'*auto accordato*.

On comprendra, dès lors, que cette loi si importante, et dont la légalité ne peut être mise en doute un instant, soit un des documents les plus

sérieux du parti carliste, à l'époque de la pre-
mière guerre de même qu'aujourd'hui.

Les Isabellistes sont donc évidemment ou
aveugles ou de mauvaise foi ; les prétendus droits
de l'ex-reine d'Espagne ne reposent absolument
que sur des faits inexacts ou controuvés ; au
reste, bien peu de gens qui la servirent étaient
convaincus de la justice de sa cause. Quant à
ceux qui se rallièrent peu à peu à elle, ils ne le
firent guère que par intérêt personnel, les uns
pour conserver ou acquérir une bonne position,
d'autres pour sauvegarder leurs propriétés, un
petit nombre enfin dans le but de ne pas rester
inactif et pour essayer d'être utiles à leur pays,
sans pour cela être partisans du gouvernement
d'Isabelle.

Il serait facile, toujours l'histoire en main, de
réduire à néant, avec force détails, toutes les assertions de ce parti ; mais il faudrait pour cela
que nous sortissions du cadre modeste dans lequel nous voulons nous renfermer pour le moment.

L'on peut pourtant affirmer, sans craindre de
se tromper, que pas un des serviteurs de l'ex-
usurpatrice du trône n'a été entraîné vraiment à
servir sa cause par un attachement sincère ou
une conviction profonde; tandis que du côté des
souverains légitimes, c'est exactement le con-

traire qui a lieu, et les faits et les exemples le démontrent journellement.

———————

Dieu voulait sans doute infliger un châtiment à l'Espagne en ne permettant pas que Charles V prit possession du trône qui lui appartenait. — Des gouvernements comme ceux qui se sont succédés dans ce pays depuis la mort de Ferdinand VII sont, en effet, une cruelle et sévère punition pour une nation si fière et si orgueilleuse !

Charles V avait trois fils, Don Carlos, Don Juan et Don Fernando, lorsqu'il se réfugia en France, où il abdiqua en faveur du premier, qui prit alors le titre de Charles VI et le nom de comte de Montémolin ; puis, peu de temps après, toute la famille royale s'en fut à Trieste, où Charles VI mourut.

Don Juan, son frère, lui succéda et abdiqua à son tour, le 3 octobre 1868, en faveur de son fils aîné, le duc de Madrid, le roi actuel, celui choisi par la Providence pour sauver sa patrie, la réhabiliter et lui rendre son rang, perdu depuis longtemps dans l'équilibre européen.

Le roi a épousé, au mois de février 1867, la princesse Dona Margarita de Bourbon, fille de Mme la duchesse de Parme; c'est la digne compagne d'un prince sacrifiant tout à ses devoirs et à son pays. — Elle aide son auguste époux de ses conseils précieux, et tous ceux qui ont eu l'insigne honneur d'approcher de Sa Majesté se plaisent à reconnaître unanimement que la grâce, la sérieuse instruction, le courage et l'esprit de cette remarquable princesse ne sont égalés que par la grandeur et la noblesse de ses sentiments, et par son inépuisable bonté vis-à-vis de tout ce qui souffre.

La princesse Dona Blanca (1868), Don Jaime (1870) et la princesse Dona Elvire (1872) sont nés de cette union mille fois bénie et bienheureuse pour Leurs Majestés et le bonheur *futur* de l'Espagne.

Voici dans quels termes fut faite l'abdication du père du roi, et qui fut adressée à toutes les puissances, en même temps qu'un très-court manifeste de Don Carlos que nous relatons également :

« Sire,

» Ma naissance et l'état actuel de l'Espagne
» me font un devoir de porter à la connaissance

» de Votre Majesté l'abdication de mon auguste
» frère.

» N'ambitionnant que le bonheur des Espa-
» gnols, c'est-à-dire la prospérité intérieure et le
» prestige extérieur de ma chère patrie, je crois
» devoir abdiquer et, par la présente, j'abdique
» tous mes droits à la couronne d'Espagne en
» faveur de mon bien aimé fils don Carlos de
» Bourbon et Este.

» Donné à Paris, le 3 octobre 1868.

» JUAN DE BORBON Y DE BRAGANZA. »

« Si Dieu et les circonstances me placent sur
» le trône des Espagnes, je m'efforcerai de con-
» cilier loyalement les institutions utiles de notre
» époque avec celles indispensables du passé,
» me dévouant avec les Cortès générales libre-
» ment nommées, à la grande et difficile tâche
» de doter ma chère patrie d'une constitution qui
» sera, je l'espère, à la fois espagnole et défi-
» nitive.

» Le jour où j'aurai ce bonheur, je resserrerai
» le plus possible avec Votre Majesté mes rela-
» tions personnelles, avec sa nation celle de ma
» nation.

» De Votre Majesté, etc.

» CARLOS DE BORBON ESTE. »

Au sujet des assertions calomnieuses d'adversaires déloyaux. essayant chaque jour, vainement et en désespoir de cause, de dénaturer la politique de Charles VII et osant soutenir que son avénement au trône serait le rétablissement de l'Inquisition et le gouvernement de la tyrannie et du despotisme, nous ne saurions trouver un argument à la fois plus vrai, plus concluant, et démentant ces ridicules et odieuses calomnies, qu'une reproduction partielle d'une lettre du roi, datée du mois de juin 1869, et adressée à son frère, l'infant Don Alphonse, à cette époque officier dans les zouaves pontificaux :

« Mon cher frère,

« Des brochures et des journaux ont suffisam
» ment fait connaître en Espagne mes idées et
» mes sentiments d'homme et de roi. Cédant,
» pourtant, au désir qui de tous les points de la
» Péninsule est arrivé jusqu'à moi, je t'adresse
» cette lettre, dans laquelle je ne parle pas seu
» lement au frère de mon cœur, mais encore à
» tous les Espagnols, sans exception, qui sont
» aussi mes frères.

» ...... Je ne dois et ne veux être roi sinon de
» tous les Espagnols, de mes amis comme de
» ceux qui se disent mes ennemis ; un roi n'a
» pas d'ennemis. Au nom de la patrie, je les ap-

» pelle tous, car si le concours de tous ne m'est
» pas nécessaire pour monter sur le trône, j'au-
» rai besoin de l'union de tous pour asseoir mon
» gouvernement sur des bases inébranlables et
» donner à notre Espagne bien-aimée une paix
» féconde avec la vraie liberté.

» ...... Les difficultés seront grandes, mais je
» saurai les vaincre par le conseil des hommes
» les plus éclairés et les plus honnêtes du
» royaume. Avec les Cortès, représentant véri-
» tablement ses forces vives et ses intérêts con-
» servateurs, je donnerai à l'Espagne une loi
» fondamentale qui, ainsi que le dit ma lettre
» aux souverains d'Europe, sera, je l'espère, à
» la fois espagnole et définitive.

» ...... L'Espagne ancienne avait besoin de
» grandes réformes ; l'Espagne moderne a eu
» de grands revers. On a beaucoup détruit, peu
» reconstruit.

» D'anciennes constitutions disparues ne sau-
» raient renaître, quelques-unes plus nouvelles
» n'ont fait que passer. Après avoir tant fait,
» tout reste encore à faire.

» Il faut accomplir une œuvre immense, vé-
» ritable reconstruction sociale et politique éle-
» vant dans notre pays desolé, sur des bases
» vraies éprouvées par des siècles, un édifice
» grandiose qui donne place à tous les intérêts

3

» légitimes et à toutes les opinions raisonnables.

» ..... L'Espagne est résolue à conserver à
» tout prix son unité catholique, symbole de nos
» gloires, esprit de nos lois, gage béni d'union
» entre les Espagnols.

» Bien des événements funestes, au milieu
» des tempêtes révolutionnaires, ont passé sur
» l'Espagne, mais il y a sur ces faits accomplis
» des concordats qu'il faut exécuter et respecter.

» ..... Le peuple espagnol a toujours aimé la
» décentralisation... je veux dire que chaque
» municipalité, chaque province ait sa vie pro-
» pre, mais, bien entendu, sans désordres et
» sans abus.

» ..... La question brûlante en Espagne, à
notre époque est la question financière.

» Le déficit est énorme et les ressources du
» pays ne parviennent pas à le combler. La
» banqueroute est imminente. Son roi légitime
» peut seul sauver l'Espagne de cette catastro-
» phe.

» Une volonté inébranlable peut tout faire.
» Quand le pays est pauvre, les ministres et le roi,
» à l'exemple de *Enrique el doliente* (l'affligé),
» doivent vivre modestement. Le grand exem-
» ple venant du roi sera suivi par toute la na-
» tion.

» Supprimer des ministères ; réduire le nom-

» bre des provinces, diminuer celui des emplois
» et moraliser l'administration ; protéger l'agri-
» culture, favoriser l'industrie et encourager le
» commerce ; en un mot sauver par le travail,
» l'ordre et l'économie, les finances et le crédit
» de l'Espagne; telle est l'œuvre gigantesque à
» laquelle tous, gouvernement et peuple, doi-
» vent concourir... »

On voit par ces seuls extraits quelles sont les
intentions réelles et les formelles volontés du
souverain légitime de l'Espagne.

Les innombrables phrases creuses et les plats
écrits débités et élaborés contre lui et son parti,
par des gens sans convictions et sans respect des
droits les plus sacrés, ne méritent donc d'inspi-
rer, à tout homme d'ordre et de jugement sain,
qu'un sentiment de mépris et de profond dégoût
en voyant tant de mauvaise foi jointe à tant de
lâcheté.

———

Quiconque a traversé l'Espagne dernièrement,
et veut bien parler sans partialité, est obligé de
reconnaître et de constater que la cause de don
Carlos est la véritable cause nationale, et la seule

présentant un avenir sérieux et un succès aujourd'hui à peu près certain.

Depuis que le mouvement carliste s'est de nouveau vigoureusement accentué, c'est-à-dire depuis un an environ, les progrès accomplis sont énormes, nul ne peut le nier.

Les principaux chefs carlistes lorsqu'ils rentrèrent en Espagne, au commencement de cette année seulement, n'avaient à leurs côtés que quelques bandes éparses, peu nombreuses, sans équipements, sans armes, bien souvent pieds nus, n'ayant aucune idée de la discipline militaire et, pour la plupart, jamais tenu un fusil dans leurs mains.

Aujourd'hui, chaque général commandant est suivi d'un corps d'armée variant entre six et douze mille hommes munis d'excellentes armes, d'un équipement très simple, sans luxe, mais très commode et parfaitement suffisant pour une guerre fatigante, manœuvrant comme de vieux soldats bien commandés, se battant comme des lions et respectant leurs officiers et la discipline très sévère qui leur est imposée aussi bien que n'importe quel vétéran d'une armée régulière.

Ces hommes, dignes des temps antiques, combattent sans aucune espèce d'intérêt personnel ; volontairement, sans aucune pression ils viennent se ranger sous l'étendard royal et offrir leur dévouement et leur existence simplement pour imiter leurs courageux ancêtres, et parce qu'ils reconnaissent que la cause qu'ils viennent servir est la seule capable de sauver leur pays et de protéger leurs droits, leurs idées et leur religion.

Il n'est, au reste, que de toute logique que les populations espagnoles et surtout celles des provinces du Nord soient du parti de la légitimité et qu'ayant vu leurs droits et leurs priviléges toujours rigoureusement respectés par leurs véritables monarques, foulés aux pieds par les libéraux (parti sur lequel la reine Isabelle fut obligée de s'appuyer dès les premières années de son trop long règne) elles ne veuillent absolument être gouvernées que par don Carlos, représentant *seul* le droit véritable, l'ordre, la religion et la liberté, non-seulement dans le Nord, mais encore dans toutes les autres parties de la Péninsule.

Il est, en outre, de toute impossibilité de faire changer d'opinions, de n'importe quelles façons qu'on s'y prenne, un Espagnol convaincu de ce qu'il sait être la vérité. — Cette rare ténacité se rencontre principalement chez la population agricole, formant la majeure partie de la nation : jugeant du présent et de l'avenir par les enseignements du passé, elle sait que les prétendues réformes et améliorations libérales n'aboutissent

3.

qu'à la soumettre aux habitants des grands centres et à la priver de ses anciennes coutumes et d'une sage liberté que le temps lui a fait apprécier de plus en plus ; aussi ne considéra-t-elle le gouvernement républicain ou se disant constitutionnel que comme une duperie ayant pour but de voler au prince son héritage et d'arracher au peuple son indépendance. — Il faut avouer que, pour des paysans, ils ne se trompent guère dans leur jugement !

Indubitablement, *quoi qu'il arrive*, les provinces du nord de l'Espagne n'abandonneront la lutte qu'après l'extermination complète de tout homme valide, la déportation des familles, la destruction de toute habitation humaine, par tous les moyens odieux enfin qu'employa la Convention et ses valets pour réduire la noble et valeureuse Vendée ; ces moyens n'arrêteraient certainement pas un gouvernement aussi sanguinaire et aussi vil que celui dont l'agonie se prolonge à Madrid ; mais, pour arriver à de pareils résultats dans un pays aussi peu accessible que la Navarre, la Biscaye, le Guipuzcoa et l'Alava il faudrait une armée cinquante fois plus nombreuse que celle dont dispose nos tristes ennemis.

Nous nous permettons de faire ici une courte digression pour expliquer, en quelques lignes, ce que signifie le mot *fueros*, maintes fois employée et rarement expliqué :

Les *fueros* sont les priviléges dont jouissent les quatre provinces du nord de l'Espagne et que nous venons de citer plus haut ; ces priviléges consistent : 1° à être gouvernées par un vice-roi ; 2° à être exemptées de tout impôt, de même que de levées d'hommes ou d'argent ; excepté dans les occasions extraordinaires, telles qu'une invasion du royaume ou si quelque danger menaçait le trône ; 3° à n'être pas sujettes à la conscription ou « *quintas* » existant dans les autres parties de l'Espagne ; cependant, en cas de guerre, aucune province ne fournit d'aussi nombreuses et d'aussi bonnes troupes que celles du Nord. — De plus, les quatre provinces que nous avons citées sont considérées comme des seigneuries de la couronne dont le roi est le seigneur.

Il ne faudrait pas conclure par ce qui précède, que les habitants de ces provinces ayant pris part à la guerre de sept ans aussi bien que ceux tenant si vaillamment la campagne au moment actuel, ne l'ont fait ou ne le font que pour leurs « *fueros* » et non par dévouement à la légitimité ou à la personne du roi ; croire cela serait une erreur profonde. — Beaucoup d'entre eux ignorent même le sens *exact* du mot « *fueros* » si familier qu'il soit à leurs oreilles. — Les nombreux soldats à qui nous avons demandé, en personne, pour qui ils combattaient nous ont tous répondu, sans la moindre hésitation : « Pour Dieu, la patrie et le roi ! » (*Dios, Patria y Rey !*) ou encore :« Pour Charles VII. »(*Carlos Septimo*).

———

Dans presque toutes les provinces de l'Espagne, il est impossible de ne pas constater un dévouement entier et absolu à la cause carliste. — Les habitants du plus petit village de la Péninsule mettent tout ce qu'ils possèdent à la disposition des soldats royaux et les traitent ainsi que de véritables frères ; quand au contraire, ce sont les républicains qui se présentent, c'est une panique générale, l'on s'empresse de faire disparaître, et pour cause, tout ce que l'on a de précieux et de s'enfermer chez soi dans un morne silence, jusqu'au moment de leur départ.

Jamais, sauf quelques cas très-rares, les mouvements des années royales ne sont trahis et lorsque, par hasard, les *Negros* (républicains) obtiennent quelques renseignements, ce ne sont en réalité que de fausses indications destinées à les induire de plus en plus en erreur.

Par contre, l'armée de Charles VII est toujours informée à temps des marches et directions de l'armée républicaine, par des montagnards (*confidentes*) qui suivent et précèdent les royalistes et servent de plus, au besoin, à transmettre les ordres d'un corps d'armée à un autre, se trouvant quelquefois à de très grandes distances réciproques.

Ces hommes dévoués font ce métier terrible, naturellement et tranquillement, sans vouloir accepter autre chose que la nourriture du soldat et exactement comme s'ils ignoraient qu'ils risquent plusieurs fois par jour de se faire massacrer; ce qui ne manque pas d'arriver quand, par malheur, ils se font prendre.

Ce dévouement pour les carlistes et cette haine pour les républicains trouve son explication et sa raison d'être dans la conduite différente des deux armées ; les carlistes se conduisent comme de véritables soldats et des êtres humains, tandis que les salariés du gouvernement de Madrid se comportent ainsi que des bandits qu'ils sont, pillant, volant, incendiant, commettant d'horribles sacriléges et ne respectant ni les biens ni les personnes.

Les horreurs commises par eux, chaque jour, ne sont plus ignorées de personne et les vouent, eux et leurs chefs, au mépris éternel de tous les honnêtes gens.

———

L'armée carliste, au moment même où nous écrivons, atteint presque le chiffre imposant de *trente mille hommes*, sans compter la cavalerie et l'artillerie, et, à mesure que les armes pénètrent en Espagne, l'armée s'accroît de suite d'autant d'hommes qu'elle reçoit de fusils, car un très-grand nombre de volontaires ne peuvent être employés utilement faute d'armes, et attendent tous, avec la plus vive impatience, qu'il leur soit possible de venir augmenter les rangs de leurs compatriotes et de contribuer ainsi à la grande œuvre de la délivrance de leur patrie.

Sa Majesté n'a pu imposer silence plus long-temps aux généreux élans de son cœur et elle est entrée en Espagne vers le milieu du mois de juillet, pour se mettre à la tête de ses valeureuses troupes, malgré les conseils de son entourage et les instances de la reine qui la suppliait d'attendre encore avant d'aller exposer une vie aussi précieuse que la sienne pour le salut de l'Espagne, pour sa famille et son parti.

Cette courageuse princesse n'ayant pu parvenir à retenir le roi, a, paraît-il, l'intention de passer à son tour la frontière, pour rejoindre son auguste époux, qu'elle ne veut pas abandonner même devant l'ennemi.

La remarquable proclamation de Sa Majesté, datée de Zugarramurdy le 16 juillet, adressée à ses volontaires, est connue de tout le monde; elle est assez ferme, assez noble et assez expressive dans son laconisme pour pouvoir se passer de commentaires et de louanges. Il suffit de la lire.

Le roi a prêté serment aux *Fueros*. Son armée le reçoit avec des transports d'enthousiasme, et la présence de leur souverain à la tête de ses soldats, venant partager leurs dangers et les misères inévitables d'une campagne difficile, semble encore accroître leur résolution et leur merveilleux héroïsme.

L'œuvre de délivrance marche à grands pas et gagne du terrain; chaque jour l'armée royale s'augmente, perfectionne son organisation et s'approche lentement, mais sûrement, vers son but, c'est-à-dire : MADRID !

Le temps n'est pas tout à fait venu cependant de s'avancer à marches forcées sur ce point;

c'est un mouvement qui ne doit s'exécuter qu'avec la certitude *absolue* du succès et nécessitant, comme de juste, un travail de concentration long et hérissé de difficultés. Mieux vaut laisser, en conséquence, l'ignorance trouver encore, pendant quelques semaines, que « *l'on ne va pas assez vite!* » (sic), que de risquer, de compromettre, par une trop grande impatience, le résultat glorieux de l'immense et noble cause sur laquelle l'univers entier a les yeux.

Quand l'heure sera venue, la majeure partie des hommes du centre et du midi de la Péninsule se joindront au roi et faciliteront, par leur concours, son entrée dans sa capitale, aux acclamations unanimes d'un peuple malheureux, dont il pansera et guérira les plaies, et des gens d'ordre et de loyauté de l'Europe entière !

Le propre des républiques est de se dévorer elles-mêmes. En Espagne aussi bien qu'ailleurs, l'état pitoyable autant que possible du soi-disant gouvernement de Madrid en est encore une nouvelle preuve. L'armée, épuisée de fatigues et lasse d'obéir à de pareilles maitres, se révolte ouvertement, n'écoute plus ses chefs, les assassinent quelquefois et menace de ne plus marcher du tout ; les corps francs sont purement et simplement des bandes de pillards, d'incendiaires, de vagabonds sortis de la lie du peuple. Quant aux fameuses réserves, elles refusent absolument d'obéir à l'appel désespéré leur ordonnant de venir sous les drapeaux. Telle est la situation exacte des forces militaires qui, suivant les forfanteries de certains de ses chefs, aujourd'hui complétement vaincus, devaient en quelques jours venir à bout de l'irrésistible revendication qu'ils osaient appeler: « *L'insurrection carliste !* »

L'argent fait défaut et le peu qui rentre dans les caisses est immédiatement absorbé par les besoins particuliers de MM. les dictateurs, comme salaire des monstrueuses inepties qu'ils distillent à profusion.

C'est, en un mot, un parti moribond n'ayant plus même le pouvoir de dompter la canaille radicale, (suite inévitable, il est vrai, de toute république en Europe) dont les atrocités achèvent d'épuiser cette pauvre contrée.

Fasse la Providence que le dernier râle de l'œuvre des Castelar, Figueras, Pi y Margall, Salmeron, etc., ne tarde pas. La mort ou l'aplatissement total de ce gouvernement insensé sera le prélude d'une vie nouvelle pour l'Espagne.

4

Les autres partis se disputant la couronne de don Carlos ne sont, heureusement, ni dangereux ni redoutables, au moins pour le moment.

Le maréchal Serrano, champion de la république « *unitaire et conservatrice,* » (?) nous fait l'effet d'un simple prétendant pour rire et de préférer de beaucoup l'existence, fort agréable du reste, qu'il mène aux environs de Bayonne ou à Biarritz, entouré d'une petite cour de fidèles semblant très-dévoués à sa fortune. Nous doutons fort qu'il compromette sa situation présente pour aller, sans aucune chance de succès, se fatiguer inutilement sur les chemins, toujours difficiles et souvent dangereux, que l'on est obligé de parcourir une fois les Pyrénées franchies. Ce serait d'ailleurs une faute dont il ne tarderait pas à se repentir amèrement.

Une restauration du fils de l'ex-reine Isabelle, avec ou sans la régence du duc de Montpensier, est de toute impossibilité, car cette restauration ramènerait forcément avec elle l'ancien entourage de la reine ; ce serait le même gouvernement sous un autre nom, et il n'est pas probable qu'il soit du goût des Espagnols de recommencer un nouveau règne de ce genre. Nous n'en disons pas davantage sur ce point de crainte d'être entraîné sur un chemin scabreux et pénible pour le pays dont nous parlons. Notre réserve sera comprise!

Quant à l'éternelle candidature d'un prince allemand, nous voulons croire, pour l'honneur de l'Europe, qu'elle saurait y opposer son *veto* et qu'elle ne tolèrerait pas que l'empire du Nord de MM. de Bismark, de Moltke et Cie, qu'elle doit déjà trouver *beaucoup, beaucoup* trop considérable, n'établisse une succursale dans le Midi et ne tente à nouveau de *prussifier* l'Espagne, laquelle, nous en sommes convaincu, ne prêterait pas les mains, en outre, à une transaction aussi honteuse.

L'Europe, il faut se hâter de le dire à sa louange, commence à se lasser fortement des gouvernements de surprises et de hasards, et le mot « *république* » devient peu à peu le synonyme de calamité et d'épouvantail.

C'est une forme de gouvernement qui n'est possible, effectivement, que chez des peuples neufs, n'ayant pas de passé historique ou chez une nation comme l'Amérique, par exemple, d'une complète insouciance politique, s'inquiétant fort peu par qui elle est gouvernée, pourvu qu'elle fasse « *ses affaires* », et ne faisant cas que de son commerce ou des moyens à employer pour s'enrichir rapidement et essayer de se faire ensuite prendre pour une nation de seigneurs, hors de son pays bien entendu ! Nous entendions précisément un fort respectable « *yankee* » nous dire dernièrement : « *Le seul gouvernement que je* « *préfère au monde est celui sous lequel mes* « *cotons atteignent le plus haut cours, tout le* « *reste m'est égal !* »

Cette méthode est peut-être sage, mais elle a le désavantage de transformer le pays, en peu d'années, en un gigantesque comptoir ou en une immense maison de commerce, dont le président est le premier commis. Il est heureux que ces opinions, par trop mercantiles, ne soient pas généralement partagées et que certaines nations aient un peu plus de fierté dans le caractère et un peu moins d'âpreté au gain. Sans cela que deviendrait la terre, sinon une gigantesque boutique ?

CONCLUSION

Le triomphe de la royauté légitime en Espagne, triomphe qui ne peut tarder et qui sera, nous l'espérons fermement et prions Dieu pour que cela soit, suivi, peut-être même précédé, de celui de la souveraineté légitime en France, fera pousser à l'Europe entière un immense soupir de soulagement et d'espérance ; car, malgré l'inconcevable neutralité apparente, peut-être forcée qu'elle garde, entre la république et la royauté, il est inadmissible qu'elle ne penche pas vigoureusement en faveur de cette dernière ; ce serait aller contre ses traditions séculaires et ses propres intérêts.

Le succès définitif de la royauté rejaillira sur toutes les puissances et sera le signal d'une rénovation et d'une régénération sociale universelle ; ce sera la résurrection du droit outragé, de la morale à l'agonie, de la religion lâchement outragée et insultée dans la personne sacrée de son Souverain-Pontife, bien que la religion soit, en réalité, le pivot sur lequel tout se meut; ce sera un commencement de revanche des épreuves passées, une forte et solide garantie pour l'ordre, la concorde, la dignité et le respect du pays, la tranquillité publique et le travail.

Ce sera, enfin, le terme de l'anarchie qui ronge et mine les nations, la ruine de la démagogie sanglante et la disparition, dans leur obscurité, des tribuns éhontés autant que méprisables, pervertissant et trompant le peuple par leur langage empoisonné, flattant la multitude pour en faire le marche-pied de leur ambition, aussi grande qu'eux-mêmes sont petits.

Une ère nouvelle de gloire et de grandeur succédera à ce magnifique et indispensable résultat; l'on sortira des ténèbres pour entrer au grand jour, du mal pour revenir au bien, du faux pour retourner vers le vrai et le juste.

C'est donc avec une entière conviction et

un espoir profond, qui ne se démentira pas, que nous nous écrions aujourd'hui :

Vive le Sauveur futur de l'Espagne !

VIVE CHARLES VII !

Et attendant que nous puissions de toute notre âme, pour l'honneur et l'avenir de la nation française, que nous aimons comme si nous étions Français de naissance et autrement que par le cœur, pousser le cri formidable, qui retentira dans le monde entier, de

VIVE HENRI V !

VIVE LE ROI !

Août 1873.

1968 — Boulogne (Seine). — Imp. JULES BOYER et Cie.

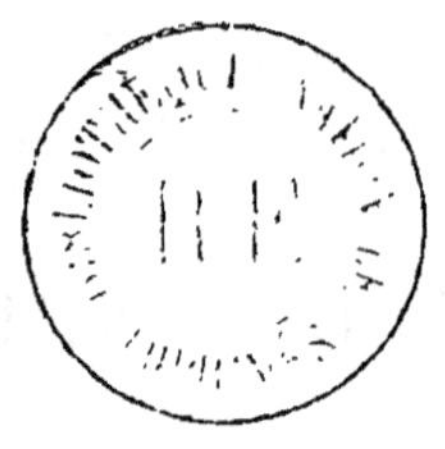

31

www.ingramcontent.com/pod-product-compliance
Lightning Source LLC
Chambersburg PA
CBHW061319060726

47596CB00003B/983